大方廣佛華嚴經 寫經

16

🏵 일러두기

1. 『사경본 한글역 대방광불화엄경』은 『독송본 한문·한글역 대방광불화엄경』에 수록된 한글역을 사경
   하는 데 편의를 도모하기 위해 편집을 달리하여 간행한 것이다.

2. 『독송본 한문·한글역 대방광불화엄경』은 실차난타가 한역(695~699)한 80권 『대방광불화엄경』의
   한문 원문과 한글역을 함께 수록한 것이다. 한문 저본은 고종 2년(1865) 월정사에서 인경한 고려대
   장경 『대방광불화엄경』이다.

3. 한글 번역은 동국역경원에서 발간한 한글 『대방광불화엄경』(운허)을 중심으로 하고 『신화엄경합론』
   (탄허)과 『대방광불화엄경 강설』(여천무비) 그리고 최근의 여타 번역본 등을 참조하였다.

4. 한글 번역은 독송과 사경을 위하여 정확성과 아울러 가독성을 고려하였다. 극존칭은 부처님과 불경
   계에 대해서만 사용하였다.

5. 사경본의 차례는 일러두기 → 한글역 본문 → 화엄경 목차 → 간행사이며 80권 『대방광불화엄경』의
   권별 목차 순으로 독송본과 함께 간행한다. (법공양판에는 간행사 다음에 간행불사 동참자를 밝혀
   두었다.)

사경본 한글역

대방광불화엄경 제16권

수미해주

대방광불화엄경 제16권 변상도

대방광불화엄경

제 16 권

13. 승수미산정품

_____ 은(는) 『대방광불화엄경』을
사경하는 인연공덕으로
『화엄경』이 널리 유통되고
우리 모두 다함께 보리 이루기를 발원하옵니다.

대방광불화엄경
제16권

13. 승수미산정품

그때에 여래의 위신력으로 시방 일체 세계의 낱낱 사천하 염부제 가운데 여래께서 나무 아래 앉아계시는 것을 다 보았다. 각각 보살이 있어 부처님의 신력을 받들어 법을 연설하며, 항상 부처님을 대하고 있다고 스스로 생각하지 않는 이가 없었다.

그때에 세존께서 일체 보리수 아래를 떠나지 아니하시고, 수미산에 오르시어 제석천의 궁전으로 향하셨다.

그때에 제석천왕이 묘승전 앞에 있다가 멀리 부처님께서 오시는 것을 보고, 곧 신력으로 이 궁전을 장엄하고 보광명장 사자좌를 마련해 놓았다.

그 사자좌는 모두 미묘한 보배로 이루어졌고 십천 층으로 훤칠하게 장엄하였다. 십천의 금으로 된 그물로 그 위를 두루 덮었고, 십천 가지의 휘장과 십천 가지의 일산으로 사이사이 두루 벌려 놓았으며, 십천의 비단으로 띠를 드리우고, 십천의 진주 영락으로 두루 얽었으며, 십천의 의복으로 자리 위에 펴서 깔았다.

십천의 천자들과 십천의 범왕들이 앞뒤로 둘러싸고 십천의 광명이 비쳐서 찬란하였다.

그때에 제석천왕이 여래를 받들어 자리를 펴 놓고서 몸을 굽혀 합장하고 공경히 부처님을 향하여 이렇게 말씀드렸다.

"잘 오셨습니다, 세존이시여! 잘 오
셨습니다, 선서시여! 잘 오셨습니다,
여래 응공 정등각이시여! 오직 원하
오니 가엾게 여기시어 이 궁전에 머
무르소서."

그때에 세존께서 곧 그 청을 받고
묘승전에 들어가시니, 시방의 일체
모든 세계 가운데서도 다 또한 이와
같았다.

그때에 제석이 부처님의 위신력으로 모든 궁전 가운데 있던 음악 소리가 자연히 그쳐 쉬게 하고, 곧 과거에 부처님 처소에서 모든 선근을 심었던 것을 스스로 기억하고 게송을 설하여 말씀하였다.

가섭 여래께서는
대비를 구족하셔서
모든 길상 가운데
가장 높으시며
그 부처님께서 일찍이

이 궁전에 오셨으니
그러므로 이곳이
가장 길상하도다.

구나모니께서는
보는 데 걸림이 없으셔서
모든 길상 가운데
가장 높으시며
그 부처님께서 일찍이
이 궁전에 오셨으니
그러므로 이곳이
가장 길상하도다.

가라구타께서는
금산과 같으셔서
모든 길상 가운데
가장 높으시며
그 부처님께서 일찍이
이 궁전에 오셨으니
그러므로 이곳이
가장 길상하도다.

비사부불께서는
세 가지 때가 없으셔서
모든 길상 가운데

가장 높으시며
그 부처님께서 일찍이
이 궁전에 오셨으니
그러므로 이곳이
가장 길상하도다.

시기 여래께서는
분별을 여의셔서
모든 길상 가운데
가장 높으시며
그 부처님께서 일찍이
이 궁전에 오셨으니

그러므로 이곳이
가장 길상하도다.

비바시불께서는
보름달과 같으셔서
모든 길상 가운데
가장 높으시며
그 부처님께서 일찍이
이 궁전에 오셨으니
그러므로 이곳이
가장 길상하도다.

불사께서는
제일의를 밝게 통달하셔서
모든 길상 가운데
가장 높으시며
그 부처님께서 일찍이
이 궁전에 오셨으니
그러므로 이곳이
가장 길상하도다.

제사 여래께서는
변재가 걸림이 없으셔서
모든 길상 가운데

가장 높으시며

그 부처님께서 일찍이

이 궁전에 오셨으니

그러므로 이곳이

가장 길상하도다.

파두마불께서는

청정하여 때가 없으셔서

모든 길상 가운데

가장 높으시며

그 부처님께서 일찍이

이 궁전에 오셨으니

그러므로 이곳이
가장 길상하도다.

연등 여래께서는
큰 광명이셔서
모든 길상 가운데
가장 높으시며
그 부처님께서 일찍이
이 궁전에 오셨으니
그러므로 이곳이
가장 길상하도다.

이 세계 가운데 도리천왕이 여래의 위신력으로 열 부처님의 공덕을 게송으로 찬탄하는 것과 같이, 시방세계의 모든 제석천왕들도 다 또한 이와 같이 부처님의 공덕을 찬탄하였다.

그때에 세존께서 묘승전에 들어가시어 결가부좌하시니, 이 궁전이 홀연히 넓어져서 그 하늘 대중들의 모든 머무르는 곳과 같았으며, 시방세계에서도 다 또한 이와 같았다.

대방광불화엄경
제16권

14. 수미정상계찬품

_____ 은(는) 『대방광불화엄경』을
사경하는 인연공덕으로
『화엄경』이 널리 유통되고
우리 모두 다함께 보리 이루기를 발원하옵니다.

대방광불화엄경
제16권

14. 수미정상게찬품

그때에 부처님의 위신력으로 시방에 각각 한 큰 보살이 있어, 낱낱이 각각 부처님 세계 미진수의 보살들과 함께 백 부처님 세계 미진수의 극토 밖에 있는 모든 세계로부터 와서 모였다.

그 이름은 법혜 보살과 일체혜 보
살과 승혜 보살과 공덕혜 보살과 정
진혜 보살과 선혜 보살과 지혜 보살
과 진실혜 보살과 무상혜 보살과 견
고혜 보살이었다.

좇아 온 바 국토는 이른바 인다라
화 세계와 파두마화 세계와 보화 세
계와 우발라화 세계와 금강화 세계
와 묘향화 세계와 열의화 세계와 아
로나화 세계와 나라타화 세계와 허
공화 세계였다.

각각 부처님 처소에서 청정하게 법

행을 닦았으니, 이른바 수특월 부처님과 무진월 부처님과 부동월 부처님과 풍월 부처님과 수월 부처님과 해탈월 부처님과 무상월 부처님과 성수월 부처님과 청정월 부처님과 명료월 부처님이셨다.

이 모든 보살들이 부처님 처소에 이르러 부처님 발에 정례하고 온 바 방위를 따라 각각 비로자나장 사자좌를 변화하여 만들고 그 자리 위에 결가부좌하였다.

이 세계 가운데 수미산 정상에 보

살들이 와서 모인 것처럼 일체 세계
에서도 다 또한 그와 같았다. 그 모
든 보살들의 이름과 세계와 부처님
명호도 다 같아서 차별이 없었다.

그때에 세존께서 두 발의 발가락으
로부터 백천억의 묘색 광명을 놓아
시방 일체 세계의 수미산 정상을 널
리 비추시니, 제석천 궁전 가운데 부
처님과 대중들이 다 나타나지 않음
이 없었다.

그때에 법혜 보살이 부처님의 위신

력을 받들어 시방을 널리 살펴보고
게송을 설하여 말씀하였다.

부처님께서 청정한 광명을 놓으시니
세간의 도사께서
수미산왕 정상의 묘승전 가운데
머무르심을 널리 보도다.

일체 제석천왕이
부처님께 궁전에 들어오시기를 청하여
모두 열 가지 미묘한 게송으로
모든 여래를 칭찬하였도다.

저 모든 큰 법회 가운데
있는 바 보살 대중들이
모두 시방으로부터 와서
자리를 변화해 만들고 편안히 앉았도다.

저 모임의 모든 보살들이
모두 함께 나와 같은 이름이며
좇아 온 바 모든 세계들도
이름이 또한 이와 같도다.

본 국토의 모든 세존께서도
명호가 다 또한 같으시니

각각 그 부처님 처소에서
위없는 행을 깨끗이 닦으셨도다.

불자들이여, 그대들은 마땅히
여래의 자재하신 힘을 관하라
일체 염부제에
'부처님께서 계신다'고 모두 말하도다.

우리들이 지금 보니
부처님께서 수미산 정상에 머무르시며
시방에서도 다 또한 그러하시니
여래의 자재하신 힘이로다.

낱낱 세계 가운데서
발심하여 불도를 구하시니
이러한 서원을 의지하시어
보리행을 닦으셨도다.

부처님께서 갖가지 몸으로
세간에 두루 노니시되
법계에 걸리는 바가 없으시니
능히 측량할 이가 없도다.

지혜 광명을 항상 널리 비추시어
세상의 어두움을 다 소멸하시니

일체 짝할 이가 없음이라
어떻게 가히 헤아려 알리오.

그때에 일체혜 보살이 부처님의 위
신력을 받들어 시방을 널리 살펴보
고 게송을 설하여 말씀하였다.

가령 백천 겁 동안
항상 여래를 보더라도
진실한 뜻에 의지하지 않고
세상을 구원하는 자를 본다면

이 사람은 모든 모양에 집착하여
어리석고 미혹한 그물을 증장하며
생사의 옥에 얽매여서
눈이 어두워 부처님을 보지 못하리라.

모든 법을 관찰하면
자성이 있는 것이 없으니
그 생멸하는 모양과 같이
단지 거짓 이름만 말할 뿐이로다.

일체 법이 생겨남도 없고
일체 법이 멸함도 없으니

만일 능히 이와 같이 알면
모든 부처님께서 항상 현전하시리라.

법의 성품은 본래 공적하여
취할 것도 없고 또한 볼 것도 없어
성품이 공한 것이 곧 부처라
생각하거나 헤아릴 수 없도다.

만약 일체 법이
체성이 다 이와 같음을 알면
이 사람은 곧 번뇌에
물들지 아니하리라.

범부가 모든 법을 보면
다만 모양만 따라 유전하고
법은 모양이 없음을 알지 못하니
이로써 부처님을 보지 못하도다.

모니께서 삼세를 여의시고
모든 모양을 다 구족하시어
머무르는 바 없이 머무르셔서
널리 두루하되 움직이지 않으시도다.

내가 일체 법을 관하고
모두 다 분명히 알았으니

이제 여래를 친견함에
결정코 의심이 없도다.

법혜 보살이 먼저 이미
여래의 진실한 성품을 설하였으니
나도 그를 따라서
사의하기 어려운 보리를 분명히 알았도다.

그때에 승혜 보살이 부처님의 위신
력을 받들어 시방을 널리 살펴보고
게송을 설하여 말씀하였다.

여래의 크신 지혜는
희유하여 짝할 이 없으니
일체 모든 세간들이
생각으로 능히 미칠 수 없도다.

범부는 망령되이 관찰하여
모양만 취하고 이치와 같지 못하니
부처님께서 일체 모양을 여의셔서
그들이 능히 보지 못하도다.

미혹하여 무지한 이는
망령되이 오온의 모양만 취하고

그 참된 성품을 알지 못하니
이 사람은 부처님을 보지 못하도다.

일체 법이
자성이 없음을 분명히 알지니
이와 같이 법의 성품을 알면
곧 노사나 부처님을 보리라.

앞의 오온을 인한 까닭에
뒤의 온이 서로 이어 일어나니
이 성품을 분명히 알면
사의하기 어려운 부처님을 보리라.

비유하면 어두움 속의 보배를
등불이 없으면 볼 수 없듯이
부처님 법도 말하는 사람이 없으면
비록 지혜가 있어도 능히 알지 못하리라.

또 눈에 가림이 있으면
청정하고 묘한 빛을 보지 못하듯이
이와 같이 마음도 청정하지 않으면
모든 부처님 법을 보지 못하리라.

또 밝고 깨끗한 해를
눈먼 이는 볼 수 없듯이

지혜의 마음이 없으면
마침내 모든 부처님을 보지 못하리라.

만약 능히 눈의 가림을 없애고
형색과 생각을 버리고 여의어
모든 법을 보지 않으면
곧 여래를 보리라.

일체혜 보살이 먼저
모든 부처님의 보리법을 설하였으니
나도 그에게서 듣고
노사나 부처님을 친견하였도다.

그때에 공덕혜 보살이 부처님의 위
신력을 받들어 시방을 널리 살펴보
고 게송을 설하여 말씀하였다.

모든 법에 진실이 없거늘
망령되이 진실한 모양을 취하니
그러므로 모든 범부들이
생사의 옥에서 윤회하도다.

말로 설한 바 법을
적은 지혜로 망령되이 분별하니
그런 까닭에 장애가 생겨서

자기 마음을 알지 못하도다.

자기 마음을 능히 알지 못하고
어떻게 바른 도를 알리오
그 전도된 지혜로 말미암아
일체 악을 증장하도다.

모든 법이 공함을 보지 못하고
항상 생사의 고통을 받으니
이 사람은 청정한
법안이 없는 까닭이로다.

내가 옛적에 온갖 고통을 받은 것은
내가 부처님을 보지 못한 까닭이니
그러므로 마땅히 법안을 깨끗이 하여
그 마땅히 보아야 할 것을 볼지로다.

만약 부처님을 친견하면
그 마음에 취하는 바가 없으니
이 사람은 곧 능히 부처님께서
아신 바와 같은 법을 보리라.

만약 부처님의 참된 법을 보면
곧 '큰 지혜 있는 자'라 이름하리니

이 사람은 청정한 눈이 있어서
능히 세간을 관찰하리라.

봄이 없음이 곧 보는 것이니
일체 법을 볼 수 있으나
법에 만약 봄이 있으면
이것은 곧 본 것이 없음이로다.

일체 모든 법의 성품이
생겨남도 없고 또한 없어짐도 없으니
기이하도다, 큰 도사이시여
스스로 깨닫고 다른 이도 깨닫게 하시도다.

승혜 보살이 먼저 이미
여래의 깨달으신 법을 설하였으니
우리들도 그에게서 듣고
능히 부처님의 참된 성품을 알았도다.

그때에 정진혜 보살이 부처님의 위
신력을 받들어 시방을 널리 살펴보
고 게송을 설하여 말씀하였다.

만약 분별에 머무르면
청정한 눈을 파괴하여
어리석고 삿된 소견만 늘어서

영원히 모든 부처님을 보지 못하리라.

만약 삿된 법인 줄 능히 알아서
실상과 같아 전도되지 않으며
허망한 것이 본래 스스로 참임을 알면
부처님을 친견하여 곧 청정하리라.

봄이 있으면 곧 때가 되니
이것은 아직 보는 것이 되지 않고
모든 봄을 멀리 여의어야
이와 같이 부처님을 보리라.

세간의 언어법을
중생이 망령되이 분별하니
세간이 다 생겨남이 없음을 알면
이에 세간을 보리라.

만약 봄으로 세간을 보면
보이는 것이 곧 세간의 모양이니
실상과 같아 다름이 없어야
이 이름이 참으로 봄이로다.

만약 평등하여 다름이 없음을 보고
사물에 분별하지 않으면

이렇게 보는 것은 모든 의혹을 여의어
번뇌가 없어 자재함을 얻음이로다.

모든 부처님께서 열어 보이신
일체 분별의 법은
이것을 다 얻을 수 없으니
그 성품이 청정한 까닭이로다.

법의 성품은 본래 청정하여
허공과 같아 모양이 없어서
일체를 능히 말할 수 없으니
지혜있는 자는 이와 같이 보도다.

법이라는 생각을 멀리 여의어
일체 법을 좋아하지 아니하면
이것은 또한 닦을 바가 없으니
능히 대모니를 친견하리라.

공덕혜 보살이 설한 바와 같이
이 이름이 부처님을 봄이니
있는 바 일체 행이
체성이 다 적멸함이로다.

그때에 선혜 보살이 부처님의 위신
력을 받들어 시방을 널리 살펴보고

게송을 설하여 말씀하였다.

희유하시도다, 크게 용맹하신
한량없는 모든 여래이시여
때를 여의고 마음이 해탈하셔서
스스로 제도하고 다른 이도 제도하시도다.

내가 보니 세간의 등불이
실상과 같아 전도되지 않음이
한량없는 겁에
지혜를 쌓은 자가 본 것과 같도다.

일체 범부의 행이
빨리 다하는 데로 돌아가지만
그 성품은 허공과 같으니
그러므로 다함이 없다고 말하느니라.

지혜로운 자는 다함이 없다고 말하나
이것도 또한 말할 것이 없으니
자체의 성품은 다함이 없는 까닭에
사의하기 어려운 다함이 있도다.

다함이 없다고 말한 것 가운데
중생도 얻을 것이 없으니

중생의 성품이 그러함을 알면
곧 큰 명칭있는 분을 보리라.

봄이 없는데 본다고 말하고
생겨남이 없는데 중생이라 말하니
보는 것과 중생이
자체의 성품이 없음을 분명히 알지니라.

보는 것과 보이는 것과
보는 이도 다 제거하여 보내고
진실한 법을 무너뜨리지 않으면
이 사람은 부처님을 분명히 알리라.

만약 어떤 사람이 부처님과
부처님께서 설하신 법을 분명히 알면
곧 능히 세간을 비춤이
노사나 부처님과 같으리라.

정각께서 한 법의
청정한 도를 잘 열어 보이시고
정진혜 대사가
한량없는 법을 연설하였도다.

있다거나 있지 않다거나
그러한 생각을 모두 없애면

이와 같이 부처님께서
실제에 안주하심을 능히 보리라.

그때에 지혜 보살이 부처님의 위신
력을 받들어 시방을 널리 살펴보고
게송을 설하여 말씀하였다.

나는 가장 수승한 가르침을 듣고
곧 지혜의 빛을 내어
널리 시방세계를 비추어서
일체 부처님을 다 친견하였도다.

이 가운데는 그 어떤 적은 물건도 없고
다만 거짓 이름만 있을 뿐이니
만약 나와 남이 있다고 생각하면
곧 험한 길에 들어가리라.

모든 집착하는 범부들이
몸이 실제로 있다고 생각하니
여래는 취할 바가 아니라
그들은 마침내 볼 수 없으리라.

이 사람은 지혜의 눈이 없어서
능히 부처님을 보지 못하니

한량없는 겁 동안
생사의 바다에 유전하니라.

다툼이 있으면 생사라 하고
다툼이 없으면 곧 열반이나
생사와 열반을
두 가지 다 얻지 못하도다.

만약 거짓 이름을 따라서
이 두 가지 법에 취착하면
이 사람은 실답지 못하여
성인의 묘한 도를 알지 못하리라.

만약 이러한 생각을 내되
이 부처님이 가장 수승하다 하면
전도되어 참뜻이 아니어서
능히 정각을 보지 못하리라.

능히 이 실체의
적멸한 진여의 모양을 알면
곧 정각존께서
언어의 길에서 벗어나셨음을 보리라.

언어로 모든 법을 말하나
능히 실상을 나타낼 수 없고

평등하여야 이에 볼 수 있으니
법과 같이 부처님도 그러하시도다.

과거세와 미래세와
현재세를 바르게 깨달으셔서
분별하는 뿌리를 영원히 끊으셨으니
이런 까닭에 명호를 부처님이라 하도다.

그때에 진실혜 보살이 부처님의 위
신력을 받들어 시방을 널리 살펴보
고 게송을 설하여 말씀하였다.

차라리 지옥의 고통을 받으면서
모든 부처님의 명호를 들을지언정
한량없는 즐거움을 받느라고
부처님 명호를 못 듣지 않으리라.

그 까닭은 지난 옛적에
수없는 겁 동안 고통을 받으며
생사 가운데 유전함은
부처님 명호를 듣지 못한 때문이로다.

법에 전도되지 않고
여실히 밝게 증득하여

모든 화합한 모양을 여의면
이 이름이 위없는 깨달음이로다.

현재는 화합한 것이 아니며
과거와 미래도 또한 다시 그러하니
일체 법이 모양 없는 것이
이것이 곧 부처님의 참된 체성이로다.

만약 능히 이와 같이
모든 법의 매우 깊은 뜻을 관찰하면
곧 일체 부처님의
법신의 진실한 모양을 보리라.

진실에서 진실을 보고
진실이 아닌 데서 진실이 아님을 보아
이와 같이 끝까지 이해하니
이 까닭에 부처라 이름하도다.

부처님 법은 깨달을 수 없는지라
이것을 아는 것이 법을 깨달음이라
모든 부처님께서 이와 같이 닦으셨으니
한 법도 얻을 수 없도다.

하나로써 여럿을 알고
여럿으로써 하나를 아니

모든 법이 의지한 바 없어
단지 화합을 좇아 일어나도다.

짓는 이도 지을 것도 없고
오직 업의 생각을 좇아 생기니
어떻게 이와 같음을 아는가?
이것과 다름은 없는 까닭이로다.

일체 법이 머무름이 없어
정해진 곳을 얻을 수 없으니
모든 부처님께서 여기에 머무르셔서
끝까지 동요하지 않으시도다.

그때에 무상혜 보살이 부처님의 위
신력을 받들어 시방을 널리 살펴보
고 게송을 설하여 말씀하였다.

무상혜 보살마하살이
중생의 생각을 멀리 여의어
능히 지나갈 자가 없으니
그러므로 이름이 위없음이로다.

모든 부처님께서 얻으신 것은
지음도 없고 분별도 없으니
거친 것도 없고 미세한 것도

또한 다시 그러하도다.

모든 부처님께서 행하신 경계여
그 가운데는 수효도 없음이라
정각은 수효를 멀리 여의었으니
이것이 부처님의 진실한 법이로다.

여래의 광명이 널리 비추어
온갖 어두움을 없애시니
이 광명은 비춤이 있는 것도 아니고
또한 다시 비춤이 없는 것도 아니로다.

법에 집착하는 바도 없고
생각도 없고 또한 물듦도 없으며
머무름도 없고 처소도 없으나
법의 성품을 깨뜨리지도 않도다.

이 가운데는 둘이 없고
또한 다시 하나도 없으니
큰 지혜로 잘 보는 이는
이치대로 교묘하게 안주하도다.

없는 것에는 둘이 없고
둘이 없음도 또한 다시 없음이라

삼계 일체가 공이니
이것이 곧 모든 부처님의 견해로다.

범부는 깨달음의 이해가 없으니
부처님께서 하여금 정법에 머물러
모든 법에 머무르는 바가 없게 하시니
이것을 깨달으면 자신을 보리라.

몸이 아니나 몸을 설하시고
일어난 것이 아니나 일어남을 나타내시니
몸도 없고 또한 보는 것도 없음이
부처님의 위없는 몸이로다.

이와 같이 진실혜 보살이
모든 부처님의 묘한 법성을 설하니
만약 이 법을 듣는 자는
마땅히 청정한 눈을 얻으리라.

그때에 견고혜 보살이 부처님의 위
신력을 받들어 시방을 널리 살펴보
고 게송을 설하여 말씀하였다.

위대하시도다, 큰 광명이시고
용맹하신 무상사이시여
미혹한 군생들을 이롭게 하시려고

세간에 출현하셨도다.

부처님께서 대비심으로
널리 모든 중생들을 살피시어
삼유 가운데서 윤회하며
온갖 고통받음을 보시도다.

오직 정등각과
덕을 갖춘 높은 도사를 제하고는
일체 모든 천신과 사람을
능히 구호할 자가 없도다.

만약 부처님과 보살들이
세간에 나오시지 않았다면
한 중생도
능히 안락을 얻을 수 없었으리라.

여래 등정각과
모든 현인과 성인들이
세간에 출현하시어
능히 중생들에게 즐거움을 주시도다.

만약 여래를 보는 자는
크고 좋은 이익을 얻으며

부처님 명호를 듣고 믿음을 내면
곧 이것이 세간의 탑이로다.

우리들이 세존을 친견하는 것이
큰 이익을 얻은 것이니
이와 같은 미묘한 법을 들으면
다 마땅히 부처님의 도를 이루리라.

모든 보살들이 과거에
부처님의 위신력으로
청정한 지혜의 눈을 얻어
모든 부처님의 경계를 알았도다.

이제 노사나 부처님을 친견하여
청정한 믿음을 더욱 증장하리라.

부처님의 지혜는 끝이 없어서
연설하여도 다함이 없도다.

승혜 등 보살들과
그리고 나 견고혜가
무수한 억겁 동안
말하여도 또한 다할 수 없으리라.

대방광불화엄경

제 16 권

15. 십주품

               은(는)『대방광불화엄경』을
사경하는 인연공덕으로
『화엄경』이 널리 유통되고
우리 모두 다함께 보리 이루기를 발원하옵니다.

대방광불화엄경
제16권

15. 십주품

그때에 법혜 보살이 부처님의 위신력을 받들어 보살무량방편삼매에 들었다.

삼매의 힘으로 시방으로 각각 일천 부처님 세계 미진수의 세계 밖에 일천 부처님 세계 미진수의 모든 부처

님이 계시는데, 모두 동일한 명호로
서 법혜이시며, 널리 그 앞에 나타나
시어 법혜 보살에게 말씀하셨다.

"훌륭하고 훌륭하도다, 선남자여.
그대가 능히 이 보살무량방편삼매에
들었도다.

선남자여, 시방의 각각 일천 부처
님 세계 미진수의 모든 부처님께서
다 위신력으로 함께 그대에게 가피
하심이니라. 또 비로자나여래의 지
난 옛적 원력과 위신력과 그리고 그

대가 닦은 선근의 힘으로 이 삼매에 들어서 그대로 하여금 법을 설하게 하심이니라.

부처님의 지혜를 자라게 하는 연고이며, 법계에 깊이 들어가게 하는 연고이며, 중생의 세계를 잘 알게 하는 연고이며, 들어가는 바가 걸림이 없게 하는 연고이며, 행하는 바가 장애가 없게 하는 연고이며, 같음이 없는 방편을 얻게 하는 연고이며, 일체 지혜의 성품에 들게 하는 연고이며, 일체 법을 깨닫게 하는 연고이며, 일체 근을 알게 하는 연고이며, 일체 법을 능히 지니고 말하게 하기 위한 연고이다. 이른바 모든 보살의 열 가지 주처를 일으키려는 것이다.

선남자여, 그대는 마땅히 부처님의 위신력을 받들어 이 법을 연설할지니라."

이때에 모든 부처님께서 곧 법혜 보살에게 걸림 없는 지혜와, 집착 없는 지혜와, 끊어짐이 없는 지혜와, 어리석음이 없는 지혜와, 다름이 없는 지혜와, 잃어버림이 없는 지혜와, 한량이 없는 지혜와, 이길 수 없는 지혜와, 게으름이 없는 지혜와, 빼앗을 수 없는 지혜를 주셨다.

무슨 까닭인가? 이 삼매의 힘이 법이 이와 같은 연고이다.

이때에 모든 부처님께서 각각 오른손을 펴시어 법혜 보살의 정수리를 만지시니, 법혜 보살이 곧 정으로부

터 일어나서 모든 보살들에게 말씀
하였다.

"불자들이여, 보살의 주처가 넓고
커서 법계 허공과 더불어 같다. 불자
들이여, 보살이 삼세의 모든 부처님
집에 머무르니, 저 보살의 머무르는
것을 내가 이제 마땅히 설하리라.

모든 불자들이여, 보살의 머무르는
것이 열 가지가 있으니, 과거와 미래
와 현재의 모든 부처님께서 이미 말
씀하셨고, 앞으로 말씀하실 것이며,

지금 말씀하신다.

　무엇이 열 가지인가?

　이른바 초발심주와 치지주와 수행주와 생귀주와 구족방편주와 정심주와 불퇴주와 동진주와 법왕자주와 관정주이다. 이것을 보살의 십주라 이름하니, 과거와 미래와 현재의 모든 부처님께서 설하시는 것이다.

　불자들이여, 무엇을 보살의 발심주라 하는가?

이 보살이 부처님 세존의 형모가 단엄하시며, 색상이 원만하셔서 사람들이 보기를 즐겨하는 바이며, 만나기 어려우며, 큰 위신력이 있음을 보며, 혹은 신족통을 보며, 혹은 수기하심을 들으며, 혹은 가르침을 들으며, 혹은 중생들이 모든 심한 고통 받음을 보며, 혹은 여래의 넓고 큰 불법을 듣고 보리심을 내어서 일체 지혜를 구하는 것이다.

이 보살이 열 가지 얻기 어려운 법

을 반연하여 마음을 일으킨다.

무엇이 열 가지인가?

이른바 옳은 도리와 그른 도리를 아는 지혜와, 선악의 업으로 받는 과보를 아는 지혜와, 모든 근의 수승하고 하열함을 아는 지혜와, 갖가지 이해의 차별을 아는 지혜와, 갖가지 경계의 차별을 아는 지혜와, 일체 처에 이르는 길을 아는 지혜와, 모든 선정과 해탈과 삼매를 아는 지혜와, 숙명을 걸림 없이 아는 지혜와, 천안의 걸림 없는 지혜와, 삼세의 번뇌가 널리 다한 지혜이다. 이것이 열 가지이다.

불자들이여, 이 보살이 마땅히 열 가지 법을 배우기를 권할 것이다.
무엇이 열 가지인가?
이른바 부지런히 부처님께 공양올리며, 생사에 머무르기를 좋아하며, 세간을 주도하여 악업을 없애게 하며, 수승하고 묘한 법으로 항상 가르침을 행하며, 위없는 법을 찬탄하며, 부처님의 공덕을 배우며, 모든 부처님 앞에 태어나서 항상 거두어 주심을 입으며, 방편으로 적정한 삼매를 연설하며, 생사윤회를 멀리 여읨을 찬탄하며, 고통받는 중생들을 위해서 귀의할 곳이 되는 것이다.

무슨 까닭인가? 살로 하여금 부처님 법 가운데서 마음을 더욱 더 넓게 하며, 들은 법을 곧 스스로 이해하고 다른 이의 가르침을 말미암지 않게 하려는 연고이다.

불자들이여, 무엇을 보살의 치지주

라 하는가?

이 보살이 모든 중생들에게 열 가지 마음을 일으킨다.

무엇이 열 가지인가?

이른바 이익을 주려는 마음과, 크게 불쌍히 여기는 마음과, 안락케 하려는 마음과, 편안히 머무르게 하려는 마음과, 가엾게 여기는 마음과, 거두어주려는 마음과, 수호하려는 마음과, 내 몸같이 여기는 마음과, 스승같이 여기는 마음과, 도사같이 여기는 마음이다. 이것이 열 가지이다.

불자들이여, 이 보살이 마땅히 열 가지 법을 배우기를 권할 것이다.

무엇이 열 가지인가?

이른바 외워 익히고 많이 들으며, 한가하여 고요하며, 선지식을 친근하며, 화평하고 즐겁게 말하며, 말할 시기를 알며, 마음에 두려움이 없으며, 이치를 요달하며, 법대로 수행하며, 어리석음을 멀리 여의며, 편안히 머물러 움직이지 않는 것이다.

무슨 까닭인가? 보살로 하여금 모든 중생들에게 대비를 증장하며, 들은 법을 곧 스스로 이해하고 다른 이의 가르침을 말미암지 않게 하려는 연고이다.

불자들이여, 무엇을 보살의 수행주라 하는가?

이 보살이 열 가지 행으로 일체 법을 관찰한다.

무엇이 열 가지인가?

이른바 일체 법이 무상하며, 일체 법이 괴로우며, 일체 법이 공하며, 일체 법이 '나'가 없으며, 일체 법이 지음이 없으며, 일체 법이 맛이 없으며, 일체 법이 이름과 같지 않으며, 일체 법이 처소가 없으며, 일체 법이 분별을 여의었으며, 일체 법이 견실함이 없음을 관찰하는 것이다. 이것이 열 가지이다.

불자들이여, 이 보살이 마땅히 열 가지 법을 배우기를 권할 것이다.

무엇이 열 가지인가?

이른바 중생계와 법계와 세계를 관

찰하며, 지계와 수계와 화계와 풍계를 관찰하며, 욕계와 색계와 무색계를 관찰함이다.

무슨 까닭인가? 보살로 하여금 지혜가 명료하며, 들은 법을 곧 스스로 이해하고 다른 이의 가르침을 말미암지 않게 하려는 연고이다.

불자들이여, 무엇을 보살의 생귀주라 하는가?

이 보살이 성인의 교법으로부터 태

어나서 열 가지 법을 성취한다.

무엇이 열 가지인가?

이른바 영원히 퇴전하지 아니하며, 모든 부처님 처소에서 청정한 믿음을 깊이 내며, 법을 잘 관찰하며, 중생과 국토와 세계와 업의 행과 과보와 생사와 열반을 분명히 아는 것이다. 이것이 열 가지이다.

불자들이여, 이 보살이 마땅히 열 가지 법을 배우기를 권할 것이다.

무엇이 열 가지인가?

이른바 과거와 미래와 현재의 일체 부처님 법을 분명히 알며, 과거와 미래와 현재의 일체 부처님 법을 닦아 모으며, 과거와 미래와 현재의 일체 부처님 법을 원만히 하며, 일체 모든 부처님의 평등함을 분명하게 아는 것이다.

무슨 까닭인가? 그로 하여금 더 나아가 삼세 가운데서 마음이 평등함을 얻으며, 들은 법을 곧 스스로 이해하고 다른 이의 가르침을 말미암지 않게 하려는 연고이다.

불자들이여, 무엇을 보살의 구족방편주라 하는가?

이 보살이 닦는 바 선근은 모두 일체 중생을 구호하며, 일체 중생을 요익하게 하며, 일체 중생을 안락하게 하며, 일체 중생을 가엾게 여기며, 일체 중생을 제도하여 해탈하게 하며, 일체 중생이 모든 재난을 여의게 하며, 일체 중생이 생사의 고통에서 벗어나게 하며, 일체 중생이 청정한 믿음을 내게 하며, 일체 중생이 다 조복함을 얻게 하며, 일체 중생이 다 열반을 증득케 하기 위한 것이다.

불자들이여, 이 보살이 마땅히 열 가지 법을 배우기를 권할 것이다.
무엇이 열 가지인가?
이른바 중생이 가없음을 알며, 중생이 한량없음을 알며, 중생이 수없음을 알며, 중생이 부사의함을 알며, 중생의 한량없는 몸을 알며, 중생이 헤아릴 수 없음을 알며, 중생이 공함을 알며, 중생이 지은 바 없음을 알며, 중생이 있는 바 없음을 알며,

중생이 자성 없음을 아는 것이다.

무슨 까닭인가? 그 마음이 점점 다시 더욱 수승하여 물들어 집착하는 바가 없으며, 들은 법을 곧 스스로 이해하고 다른 이의 가르침을 말미암지 않게 하려는 연고이다.

불자들이여, 무엇을 보살의 정심주라 하는가?

이 보살이 열 가지 법을 듣고 마음이 결정되어 흔들리지 않는다.

무엇이 열 가지인가?

이른바 부처님을 찬탄하거나 부처님을 훼방함을 듣고도 불법 가운데 마음이 결정되어 흔들리지 않으며, 법을 찬탄하거나 법을 훼방함을 듣고도 불법 가운데 마음이 결정되어 흔들리지 않는다.

보살을 찬탄하거나 보살을 훼방함을 듣고도 불법 가운데 마음이 결정되어 흔들리지 않으며, 보살을 찬탄하거나 보살의 행하는 법을 훼방함을 듣고도 불법 가운데 마음이 결정되어 흔들리지 않는다.

중생이 한량있다거나 한량없다고 말함을 듣고도 불법 가운데 마음이 결정되어 흔들리지 않으며, 중생이 때가 있다거나 때가 없다고 말함을 듣고도 불법 가운데 마음이 결정되어 흔들리지 않는다.

중생이 제도하기 쉽다거나 제도하기 어렵다고 말함을 듣고도 불법 가운데 마음이 결정되어 흔들리지 않으며, 법계가 한량있다거나 한량없다고 말함을 듣고도 불법 가운데 마음이 결정되어 흔들리지 않는다.

법계가 이루어짐이 있다거나 무너지는 것이 있다고 말함을 듣고도 불법 가운데 마음이 결정되어 흔들리지 않으며, 법계가 있다거나 없다고 말함을 듣고도 불법 가운데 마음이 결정되어 흔들리지 않는다. 이것이 열 가지이다.

불자들이여, 이 보살이 마땅히 열 가지 법을 배우기를 권할 것이다. 무엇이 열 가지인가?

이른바 일체 법이 모양이 없고, 일체 법이 체성이 없고, 일체 법이 닦을 수 없고, 일체 법이 있는 것이 없고, 일체 법이 진실함이 없고, 일체 법이 공하고, 일체 법이 성품이 없고, 일체 법이 환과 같고, 일체 법이 꿈과 같고, 일체 법이 분별이 없는 것이다.

무슨 까닭인가? 그 마음으로 하여금 점점 다시 더 나아가 퇴전하지 않는 무생법인을 얻으며, 들은 법을 곧 스스로 이해하고 다른 이의 가르침을 말미암지 않게 하려는 연고이다.

　불자들이여, 무엇을 보살의 불퇴주
라고 하는가?
　이 보살이 열 가지 법을 듣고 견고
하여 물러서지 않는다.
　무엇이 열 가지인가?
　이른바 부처님이 계신다거나 부처
님이 안 계신다고 함을 듣고도 불법
가운데서 마음이 물러서지 않으며,
법이 있다거나 법이 없다고 함을 듣

고도 불법 가운데서 마음이 물러서
지 않는다.

　보살이 있다거나 보살이 없다고 함
을 듣고도 불법 가운데서 마음이 물
러서지 않으며, 보살행이 있다거나
보살행이 없다고 함을 듣고도 불법
가운데서 마음이 물러서지 않는다.

　보살이 수행하여 벗어난다거나 수
행하여 벗어나지 못한다고 함을 듣
고도 불법 가운데서 마음이 물러서
지 않으며, 과거에 부처님이 계셨다
거나 과거에 부처님이 안 계셨다고

함을 듣고도 불법 가운데서 마음이 물러서지 않는다.

미래에 부처님이 계실 것이다거나 미래에 부처님이 안 계실 것이다고 함을 듣고도 불법 가운데서 마음이 물러서지 않으며, 현재에 부처님이 계신다거나 현재에 부처님이 안 계신다고 함을 듣고도 불법 가운데서 마음이 물러서지 않는다.

부처님의 지혜가 다함이 있다거나 부처님의 지혜가 다함이 없다고 함을 듣고도 불법 가운데서 마음이 물러서지 않으며, 삼세가 한 모양이다거나 삼세가 한 모양이 아니다고 함을 듣고도 불법 가운데서 마음이 물러서지 않는다. 이것이 열 가지이다.

불자들이여, 이 보살이 마땅히 열 가지 넓고 큰 법을 배우기를 권할 것이다.

무엇이 열 가지인가?

이른바 하나가 곧 많은 것이라 말하고 많은 것이 곧 하나라 말하며, 글이 뜻을 따르고 뜻이 글을 따르며,

있지 않은 것이 곧 있는 것이고 있는 것이 곧 있지 않은 것이며, 모양 없는 것이 곧 모양이고 모양이 곧 모양 없는 것이며, 성품 없는 것이 곧 성품이고 성품이 곧 성품 없는 것이다.

무슨 까닭인가? 그로 하여금 더 나아가 일체 법에서 잘 능히 벗어나며, 들은 법을 곧 스스로 이해하고 다른 이의 가르침을 말미암지 않게 하려는 연고이다.

불자들이여, 무엇을 보살의 동진주라 하는가?

이 보살이 열 가지 업에 머무른다. 무엇이 열 가지인가?

이른바 몸으로 행함이 잘못됨이 없으며, 말로 행함이 잘못됨이 없으며, 뜻으로 행함이 잘못됨이 없으며, 뜻대로 태어나며, 중생들의 갖가지 욕망을 알며, 중생들의 갖가지 이해를 알며, 중생들의 갖가지 경계를 알며, 중생들의 갖가지 업을 알며, 세계가 이루어지고 무너짐을 알며, 신

대방광불화엄경 제16권

15 십주품

족통이 자재하여 다니는 데 걸림이 없는 것이다. 이것이 열 가지이다.

불자들이여, 이 보살이 마땅히 열 가지 법을 배우기를 권할 것이다.

무엇이 열 가지인가?

이른바 일체 부처님 세계를 알며, 일체 부처님 세계를 움직이며, 일체 부처님 세계를 지니며, 일체 부처님 세계를 관찰하며, 일체 부처님 세계에 나아가며, 수없는 세계에 노닐며, 수없는 부처님 법을 받아들이며, 변화가 자재한 몸을 나타내며, 넓고 크고 두루 가득한 음성을 내며, 한 찰나 동안에 수없는 모든 부처님을 받들어 섬기고 공양올리는 것이다.

무슨 까닭인가? 그로 하여금 더 나아가 일체 법에 좋은 방편을 얻으며, 들은 법을 곧 스스로 이해하고 다른 이의 가르침을 말미암지 않게 하려는 연고이다.

불자들이여, 무엇을 보살의 법왕자

주라 하는가?

이 보살이 열 가지 법을 잘 안다.

무엇이 열 가지인가?

이른바 모든 중생들이 태어나는 것을 잘 알며, 모든 번뇌가 일어나는 것을 잘 알며, 습기가 상속되는 것을 잘 알며, 행할 방편을 잘 알며, 한량 없는 법을 잘 알며, 모든 위의를 잘 알며, 세계의 차별을 잘 알며, 과거와 미래의 일을 잘 알며, 세간의 진리를 연설함을 잘 알며, 제일의제를 연설함을 잘 아는 것이다. 이것이 열 가지이다.

불자들이여, 이 보살이 마땅히 열 가지 법을 배우기를 권할 것이다.
무엇이 열 가지인가?
이른바 법왕처의 선교와, 법왕처의 법도와, 법왕처의 궁전과, 법왕처에 들어감과, 법왕처를 관찰함과, 법왕의 관정과, 법왕의 힘으로 유지함과, 법왕의 두려움 없음과, 법왕의 편히 주무심과, 법왕을 찬탄하는 것이다.
무슨 까닭인가? 그로 하여금 더 나

아가 마음에 걸림이 없으며, 들은 법을 곧 스스로 이해하고 다른 이의 가르침을 말미암지 않게 하려는 연고이다.

불자들이여, 무엇을 보살의 관정주라 하는가?

이 보살이 열 가지 지혜를 성취한다. 무엇이 열 가지인가?

이른바 수없는 세계를 진동하며, 수없는 세계를 밝게 비추며, 수없는 세계에 머무르며, 수없는 세계에 나아가며, 수없는 세계를 깨끗이 장엄하며, 수없는 중생들에게 열어 보이며, 수없는 중생들을 관찰하며, 수없는 중생들의 근기를 알며, 수없는 중생들이 들어가게 하며, 수없는 중생들을 조복하게 하는 것이다. 이것이 열 가지이다.

불자들이여, 이 보살의 몸과 몸의 업과 신통변화와, 과거의 지혜와 미래의 지혜와 현재의 지혜와, 부처님

국토를 성취함과, 마음의 경계와 지혜의 경계를 다 알지 못하며, 내지 법왕자 보살들도 또한 능히 알지 못한다.

불자들이여, 이 보살이 마땅히 부처님의 열 가지 지혜를 배우기를 권할 것이다.

무엇이 열 가지인가?

이른바 삼세의 지혜와, 불법의 지혜와, 법계의 걸림 없는 지혜와, 법계의 가없는 지혜와, 일체 세계에 충만한 지혜와, 일체 세계를 널리 비추는 지혜와, 일체 세계에 머무르는 지혜와, 일체 중생을 아는 지혜와, 일체 법을 아는 지혜와, 가없는 모든 부처님을 아는 지혜이다.

무슨 까닭인가? 그로 하여금 일체 종지를 더 자라게 하며, 들은 법을 곧 스스로 이해하고 다른 이의 가르침을 말미암지 않게 하려는 연고이다."

그때에 부처님의 위신력으로 시방의 각각 일만 부처님 세계 미진수의 세계가 여섯 가지로 진동하였다.

이른바 흔들흔들하고 두루 흔들흔들하고 온통 두루 흔들흔들하며, 들먹들먹하고 두루 들먹들먹하고 온통 두루 들먹들먹하며, 울쑥불쑥하고 두루 울쑥불쑥하고 온통 두루 울쑥불쑥하며, 우르르하고 두루 우르르하고 온통 두루 우르르하며, 와르릉하고 두루 와르릉하고 온통 두루 와르릉하며, 와지끈하고 두루 와지끈하고 온통 두루 와지끈하였다.

하늘의 미묘한 꽃과 하늘의 가루향

과 하늘의 화만과 하늘의 여러 가지
향과 하늘의 보배 옷과 하늘의 보배
구름과 하늘의 장엄구를 비내리며,
하늘의 모든 음악이 연주하지 않아
도 저절로 울리며, 큰 광명이 비치고
미묘한 음성이 들렸다.

　이 사천하의 수미산 정상 제석천왕
궁전에서 십주법을 설하니 모든 신통
변화를 나타내는 것과 같이, 시방에
있는 일체 세계에서도 다 또한 이와
같았다.

또 부처님의 위신력으로 시방으로
각각 일만 부처님 세계 미진수의 세
계를 지나서 열 부처님 세계 미진수
의 보살들이 이곳에 와서 시방에 충
만하고 이와 같은 말씀을 하였다.

"훌륭하고 훌륭하도다, 불자여. 이
법을 잘 설하였도다. 우리 모든 이들
도 한가지로 이름이 법혜이며, 좇아
온 바 국토도 한가지로 이름이 법운
이며, 그 국토의 여래도 다 명호가 묘
법이시다. 우리 부처님 처소에서도

또한 십주를 설하니, 대중모임의 권
속들과 문구와 뜻과 이치도 다 또한
이와 같아서 더하거나 덜함도 없다.
　불자여, 우리들이 부처님의 위신력
을 받들고 이 법회에 와서 그대들을
위하여 증명하니, 이 법회와 같이 시
방에 있는 일체 세계에서도 다 또한
이와 같다.”

　그때에 법혜 보살이 부처님의 위신
력을 받들어 시방과 법계를 관찰하
고 게송을 설하여 말씀하였다.

가장 수승한 지혜와

미묘하신 몸이

단엄한 상호를

모두 갖추셔서

이렇게 존중하심이

매우 만나기 어려운 것을 보고

보살이 용맹하게

처음 발심하였도다.

비등할 이가 없는

큰 신통을 보고

수기를 설하심과

가르침과
모든 갈래 중생들의
한량없는 고통을 듣고
보살이 이로써
처음 발심하였도다.

모든 여래
보승존께서
일체 공덕을
모두 성취하시되
마치 허공이 분별하지 않는 것과
같음을 듣고

보살이 이로써
처음 발심하였도다.

삼세의 인과는
옳은 도리이고
우리들의 자성은
그른 도리라 하니
진실한 뜻을
모두 분명히 알고자
보살이 이로써
처음 발심하였도다.

과거와 미래와

현재 세상의

있는 바 일체 선과

악의 업을

끝까지 모두

분명하게 알고자

보살이 이로써

처음 발심하였도다.

모든 선정과 해탈과

그리고 삼매의

물들고 청정함이

한량없거늘
들어가고 머무르고 나옴을
모두 분명하게 알고자
보살이 이로써
처음 발심하였도다.

모든 중생들의 근기가
영리하고 둔함을 따라
이와 같이 갖가지
정진하는 힘을
모두 요달하여
분별해 알고자

보살이 이로써
처음 발심하였도다.

일체 중생의
갖가지 이해와
마음에 좋아하고 즐기는 바도
각각 차별하니
이와 같이 한량없음을
모두 알고자
보살이 이로써
처음 발심하였도다.

중생들의 모든 경계가

각각 차별하며

일체 세간도

한량없으니

그 체성을

모두 분명하게 알고자

보살이 이로써

처음 발심하였도다.

일체 유위의

모든 행하는 길이

날날이 다 이르러

갈 곳이 있으니

그 참된 성품을

모두 분명하게 알고자

보살이 이로써

처음 발심하였도다.

일체 세계의

모든 중생들이

업을 따라 표류하여

잠깐도 쉴 새 없으니

천안통을 얻어서

다 밝게 보고자

보살이 이로써
처음 발심하였도다.

과거세에 일찍이
있던 바
이와 같은 체성과
이와 같은 형상을
그 숙세에 머물렀던 것을
모두 분명하게 알고자
보살이 이로써
처음 발심하였도다.

일체 중생의

모든 번뇌가

상속하여 일어남과

그리고 습기를

모두 분명하게 알고

끝까지 다하고자

보살이 이로써

처음 발심하였도다.

모든 중생들이

펼쳐놓은

갖가지 담론과

언어의 길을 따라서
그러한 세제를
모두 알고자
보살이 이로써
처음 발심하였도다.

일체 모든 법이
언설을 여의고
성품이 공하고 적멸하여
지은 바 없으니
이 진실한 뜻을
모두 밝게 통달하고자

보살이 이로써
처음 발심하였도다.

시방의 국토를
모두 진동시키고
일체 모든
큰 바다를 뒤엎어서
모든 부처님의
큰 신통을 구족하고자
보살이 이로써
처음 발심하였도다.

한 모공에서
광명을 놓아
시방의 한량없는
국토를 널리 비추고
낱낱 광명 가운데
일체를 깨닫게 하고자
보살이 이로써
처음 발심하였도다.

생각하기 어려운
모든 부처님 세계를
손바닥에 모두 놓아도

움직이지 않으니
일체가 환화와 같음을
분명하게 알고자
보살이 이로써
처음 발심하였도다.

한량없는 세계의
중생들을
한 털끝에 두어도
비좁지 않고
남도 없고 나도 없음을
다 알고자

보살이 이로써
처음 발심하였도다.

한 털끝으로
바닷물을 찍어 내어
일체 큰 바다를
모두 다하게 하고
그 수를
모두 분별해 알고자
보살이 이로써
처음 발심하였도다.

불가사의한

모든 국토를

다 부수어서

남김없이 티끌을 만들고

그 수효를

모두 분별해 알고자

보살이 이로써

처음 발심하였도다.

과거와 미래의

한량없는 겁에

일체 세간이

이루어지고 무너지는 모습을

끝까지 궁구하여

모두 요달하고자

보살이 이로써

처음 발심하였도다.

삼세에 계시는

모든 여래와

일체 독각과

성문을

그 법을

다 남김없이 알고자

보살이 이로써
처음 발심하였도다.

한량없고 가없는
모든 세계를
한 털로써
모두 들어서
그 체성과 형상을
모두 분명하게 알고자
보살이 이로써
처음 발심하였도다.

한량없고 수없는

윤위산을

모공 속에

다 들어가게 하고

그와 같이 크고 작음을

다 알고자

보살이 이로써

처음 발심하였도다.

적정한 하나의

미묘한 음성으로

시방에 널리 응해

부류 따라 연설하여

이와 같이 모두 깨끗하고

밝게 알게 하고자

보살이 이로써

처음 발심하였도다.

일체 중생의

말하는 법을

한 말로

남김없이 연설하여

모두 그 자성을

분명하게 알고자

보살이 이로써
처음 발심하였도다.

세간의 말소리를
모두 지어서
다 그들이 이해하여
적멸을 증득케 하니
이와 같은
미묘한 설근을 얻고자
보살이 이로써
처음 발심하였도다.

시방의

모든 세계가

이루어지고 무너지는

모양을 다 보아

모두 분별을 좇아

생겨남을 알게 하고자

보살이 이로써

처음 발심하였도다.

일체 시방의

모든 세계에

한량없는 여래가

다 충만하시니
그 부처님 법을
모두 분명하게 알고자
보살이 이로써
처음 발심하였도다.

갖가지로 변화하는
한량없는 몸이
일체 세계의
미진수와 같으나
모두 마음을 좇아
일어남을 요달하고자

보살이 이로써
처음 발심하였도다.

과거와 미래와
현재세의
한량없고 수없는
모든 여래를
한 생각에
모두 분명히 알고자
보살이 이로써
처음 발심하였도다.

한 구절의 법을
갖추어 연설하여
아승지겁으로도
다함이 없고
글과 뜻도
각각 같지 않게 하고자
보살이 이로써
처음 발심하였도다.

시방의 일체
모든 중생들의
그 유전함을 따라서

나고 죽는 모양을
한 생각에
다 밝게 통달하고자
보살이 이로써
처음 발심하였도다.

몸과 말과
뜻의 업으로
시방에 널리 나아가도
걸리는 바가 없고
삼세가 모두 공적함을
분명하게 알고자

보살이 이로써
처음 발심하였도다.

보살이 이와 같이
발심하고는
마땅히 시방국토에
나아가서
모든 여래께 공경하고
공양올리게 하여
이로써 그로 하여금 퇴전함이
없게 하도다.

보살이 용맹하게
불도를 구하여
생사에 머물러도
피로해하거나 싫어하지 않고
그를 위해 칭찬하고
따라 행하게 하니
이와 같이 그로 하여금
퇴전함이 없게 하도다.

시방세계의
한량없는 찰토에
다 그 가운데서

높은 분 되어

모든 보살들을 위해

이와 같이 설하니

이로써 그로 하여금

퇴전함이 없게 하도다.

가장 수승하고

가장 위이며 가장 제일인

매우 깊고 미묘하고

청정한 법을

모든 보살들이 다른 이에게

말해 주길 권하여

이와 같이 가르쳐서
번뇌를 여의게 하도다.

일체 세간에서
더불어 같음이 없어
흔들거나 꺾어서
굴복할 수 없는 도리를
그 보살들을 위하여
항상 칭찬하니
이와 같이 가르쳐서
퇴전하지 않게 하도다.

부처님께서는 세간에서

큰 힘 가진 주인이시며

일체 모든 공덕을

구족하셔서

모든 보살들이 이 가운데

머무르게 하시니

이 가르침으로

수승한 대장부가 되게 하시도다.

한량없고 가없는

모든 부처님 처소에

모두 나아가

친근함을 얻어서
항상 모든 부처님의
섭수하시는 바가 되니
이와 같이 가르쳐서
퇴전하지 않게 하도다.

있는 바 적정한
모든 삼매를
모두 다 연설하여
남음이 없고
그 보살들을 위하여
이와 같이 설하니

이로써 그로 하여금
퇴전하지 않게 하도다.

모든 갈래에서
생사에 윤회함을 없애고
청정하고 묘한
법륜을 굴리며
일체 세간에
집착하는 바가 없으니
모든 보살들을 위하여
이와 같이 설하도다.

일체 중생이
악도에 떨어져서
한량없는 무거운 고통에
얽혀 핍박받는데
구호하고 귀의할 곳이
되어 주니
모든 보살들을 위하여
이와 같이 설하도다.

이것이 보살의
발심주로서
한결같이 뜻에

위없는 도를 구하니

내가 말한 바

가르침의 법과 같아서

일체 모든 부처님도

또한 이와 같으시도다.

둘째 치지주의

보살은

마땅히 이와 같은

마음을 일으키되

시방의

일체 모든 중생들이

다 여래의 가르침을
따르기를 원할지니

이익하고 대비하고
안락한 마음과
안주하고 연민하고
거두어 주는 마음과
중생을 수호하고
내 몸같이 여기는 마음과
스승의 마음과
그리고 도사의 마음이로다.

이와 같이 수승하고
묘한 마음에 머무르고는
다음에 외우고 익히며
많이 듣기를 구하고
늘 즐겁고 적정하며
바르게 사유하고
일체 선지식을
친근하게 하도다.

하는 말이 화평하여
거칠거나 사나움을 여의고
말함에 반드시 때를 알아

두려울 바 없으며
이치를 요달하고
여법하게 행하여
어리석음을 멀리 여의고
마음이 동하지 않도다.

이것이 처음 배우는
보리행이니
이 행을 능히 행하면
참 불자이니라
내가 지금 그들이
마땅히 행할 바를 말하니

이와 같음을 불자들은
부지런히 배울지어다.

셋째 수행주의
보살은
부처님의 가르침을 의지하여
부지런히 관찰할지니
모든 법이 무상하고
괴롭고 공하며
나와 남도 없고
동작도 없도다.

일체 모든 법은

즐겁지 않고

이름과도 같지 않고

처소도 없으며

분별할 것도 없고

진실도 없으니

이와 같이 보는 자를

보살이라고 하니라.

다음에 중생계를

관찰하게 하고

그리고 법계를

관찰하기를 권하며

세계의 차별도

모두 남음이 없이

그것을 다 마땅히

관찰하기를 권할지니라.

시방세계와

허공에

있는 바 땅과 물과

불과 바람과

욕계와 색계와

무색계까지

다 관찰하기를 권하여
모두 다하게 할지니라.

저 세계가
각각 차별함과
그 체성을 모두
끝까지 관찰하여
이와 같은 가르침을
부지런히 수행하면
이를 이름하여
진실한 불자라 하리라.

넷째 생귀주의

보살은

모든 성인의

가르침을 좇아 출생하여

모든 갈래가

없음을 요달하고

그 법을 뛰어넘어

법계에 태어나도다.

부처님을 믿음이 견고하여

파괴될 수 없고

법의 적멸을 관찰하여

마음이 편안히 머무르며

모든 중생들을 따라서

체성이 허망하여

진실함이 없음을

다 분명하게 알도다.

세간과 세계와 국토와

업과 그리고 과보와

생사와 열반이

모두 이와 같으니

불자가 법에 대해

이와 같이 관하여

부처님에게서 친히 태어났으니
불자라 하도다.

과거와 미래와
현재세에
그 가운데 있는
모든 부처님 법을
분명하게 알고 모으며
원만히 하여
이와 같이 닦고 배워
끝까지 성취케 하도다.

삼세의
일체 모든 여래를
능히 따라 관찰하니
모두 평등하여
갖가지 차별을
얻을 수 없으니
이와 같이 관하는 자가
삼세를 통달하도다.

내가 칭양하고
찬탄함과 같은 것이
이것이 넷째 주의

모든 공덕이니
만약 능히 법을 의지하여
부지런히 수행하면
위없는 부처님의 보리를
빨리 이루리라.

이로부터 다섯째의
모든 보살들을
구족방편주라고
이름하니
한량없는 교묘한 방편에
깊이 들어가

구경의 공덕업을
발생하도다.

보살이 닦은 바
온갖 복덕은
다 모든 군생들을
구호하기 위함이니
전심으로
이익하고 안락케 하며
한결같이 가엾게 여겨
제도하여 해탈케 하도다.

일체 세상을 위하여
온갖 재난을 없애고
모든 갈래에서 끌어내어
환희케 하며
낱낱이 조복하여
남김없이
다 공덕을 갖추어서
열반을 향하게 하도다.

일체 중생이
끝이 없으며
한량없고 수없고

부사의하며
그리고 일컬어
헤아릴 수 없는데
여래의 이와 같은 법을
듣고 받아 지니도다.

이 다섯째 주의
진실한 불자가
방편을 성취하여
중생들을 제도하니
일체 공덕 갖춘
큰 지혜의 높은 분이

이러한 법으로써
열어 가르쳐 보이도다.

여섯째
원만한 정심주는
법의 자성에
미혹이 없고
바른 생각으로 사유하여
분별을 떠났으니
일체 천신과 인간이
흔들 수 없도다.

부처님과

부처님의 법과

보살과 그리고 행할 바 행을

찬탄하거나 훼방하거나

중생들이 한량있다거나

한량없다거나

때가 있다거나 때가 없다거나

제도하기 어렵다거나 쉽다거나

법계가 크다 작다,

이루어진다 무너진다,

있다 없다고 함을 들어도

마음이 흔들리지 않고
과거와 미래와
지금 현재에
자세히 생각하고 사유해서
항상 결정하였도다.

일체 모든 법이
다 모양이 없으며
자체도 없고 성품도 없고
공하여 실제도 없으며
환같고 꿈같고
분별을 여의었으니

항상 이와 같은 뜻을
듣기를 즐겨하도다.

일곱째 불퇴전의
보살은
부처님과 법과
보살과 행이
있다 없다,
벗어난다 벗어나지 못한다,
비록 이런 말을 들어도
퇴전함이 없도다.

과거와 미래와

현재세에

일체 모든 부처님께서

계시거나 안 계시거나

부처님 지혜가

다함이 있거나 다함이 없거나

삼세가 한 모양이거나

갖가지 모양이로다.

하나가 곧 많음이고

많음이 곧 하나이며

글이 뜻을 따르고

뜻이 글을 따르니
이와 같이 일체가
전전히 이루어짐을
이 불퇴주 사람은
마땅히 위하여 설할지니라.

혹 법이 모양이 있음과
모양이 없음과
혹 법이 자성이 있음과
자성이 없음의
갖가지 차별이
서로서로 이어짐을

이 사람이 듣고서
깨달음을 얻으리라.

여덟째 동진주의
보살은
몸과 말과 뜻으로 행함이
다 구족하며
일체가 청정하여
모든 잘못이 없으며
뜻대로 태어나서
자재하도다.

모든 중생들의
마음에 즐기는 바와
갖가지 이해와
각각의 차별과
그리고 있는 바
일체 법과
시방국토의 이루어지고
무너지는 모양을 알도다.

빠르고 묘한 신통을
얻어서
일체 처 가운데

뜻대로 다니며
모든 부처님 처소에서
들은 법문을
찬탄하고 수행하여
게으름이 없도다.

일체 모든 부처님 국토를
분명하게 알고
진동하고 가지하고
또한 관찰하며
헤아릴 수 없는
불국토를 지나가서

가없고 수없는
세계에 유행하도다.

아승지 법을
다 묻고
바라는 대로 몸을 받음이
다 자재하며
음성이 교묘하고
충만하지 않음이 없어
수없는 모든 부처님을
다 받들어 섬기도다.

아홉째 법왕자주의
보살은
중생들의 태어나는 것이
다름을 능히 보고
번뇌와 현행 습기를
알지 못함이 없고
행할 바 방편을
모두 잘 알도다.

모든 법의 각각 다름과
위의의 다름과
세계의 같지 않음과

앞뒤 시간과

그와 같이 세속과

제일의제를

모두 잘 분명하게 알아

남음이 없도다.

법왕의 선교와

안립한 곳과

그 처소에 따라서

있는 법과

법왕의 궁전에

들어감과

그리고 그 안에서
관찰하여 봄과

법왕에게 있는
관정법과
신력으로 가지하여
두려움 없음과
궁전에 주무심과
찬란하고 칭찬함이여
이것으로
법왕자를 가르치도다.

이와 같이
끝까지 설하여
그 마음에 집착할 바가
없게 하니
이것을 분명하게 알고
정념을 닦으면
일체 모든 부처님께서
그 앞에 나타나시리라.

열째 관정주의
진실한 불자는
가장 높은 제일법을

만족하여서

시방의 무수한

모든 세계를

다 능히 진동하고

광명을 널리 비추도다.

머물러 지니고 나아감에

또한 남음이 없고

청정한 장엄들을

모두 구족하며

수없는 중생들에게

열어 보이고

관찰하여 근기를 알아
모두 능히 다하였도다.

발심하고 조복함도
또한 가없어서
모두 큰 보리를 향하여
나아가게 하며
일체 법계를
모두 관찰하여
시방국토에
다 나아가도다.

그 가운데 몸과
몸으로 짓는 바와
신통과 변화함을
측량하기 어려우며
삼세 불국토의
모든 경계를
법왕자까지도
능히 알지 못하도다.

일체를 보는 이의
삼세 지혜와
모든 부처님의 법을

밝게 아는 지혜와

법계의 걸림 없고

가없는 지혜와

일체 세계에

충만한 지혜와

세계를 비추고

주지하는 지혜와

중생들과 모든 법을

분명하게 아는 지혜와

그리고 정각의 가없음을

아는 지혜를

여래께서 설하여
모두 다하게 하셨도다.

이와 같은 십주의
모든 보살들이
다 여래의 법으로부터
화생함이라
그 있는 바
공덕행을 따라서
일체 천신과 인간이
능히 측량할 수 없도다.

과거와 미래와

현재세에

발심하여

부처를 구함이 끝이 없어서

시방국토에

다 충만하니

마땅히 일체지를

이루지 못함이 없도다.

일체 국토가

끝이 없으며

세계와 중생과 법도

또한 그러하며
미혹의 업과 마음에
즐겨함도 각각 차별하니
그것에 의해 보리의 뜻을
일으켰도다.

처음 불도를 구하려는
한 생각 마음을
세간의 중생들과
이승이
이것도 오히려
능히 알지 못하는데

어찌 하물며
그 나머지 공덕행이리오.

시방에 있는
모든 세계를
능히 한 털로써
다 들 수 있으면
그 사람은
이 불자의
여래로 나아가는
지혜의 행을 능히 알리라.

시방에 있는
모든 큰 바닷물을
모두 털끝으로 찍어내어
다하게 하면
그 사람은
이 불자의
한 생각에 닦은 바
공덕행을 능히 알리라.

일체 세계를 부수어
티끌로 만들고
그 수효를

다 능히 분별해 알면
이와 같은 사람은
이에 능히
이 모든 보살들의
행하는 바 도를 보리라.

과거 미래 현재의
시방 부처님과
일체 독각과
그리고 성문이
다 갖가지
미묘한 변재로

처음 일으킨 보리심을
열어 보이더라도

발심한 공덕은
헤아릴 수 없음이라
일체 중생계에
충만하니
온갖 지혜로 함께 설해도
능히 다하지 못하는데
어찌 하물며 남은 바
모든 묘행이리오.

〈대방광불화엄경 제16권〉

회향송

아차보현수승행
무변승복개회향
보원침익제중생
속왕무량광불찰

시방삼세일체불
제존보살마하살
마하반야바라밀

我此普賢殊勝行
無邊勝福皆迴向
普願沈溺諸眾生
速往無量光佛剎

十方三世一切佛
諸尊菩薩摩訶薩
摩訶般若波羅蜜

大方廣佛華嚴經

부록

•

대방광불화엄경 목차

•

간행사

대방광불화엄경
목차

간 행 사

귀의삼보 하옵고,

『대방광불화엄경』의 수지 독송과 유통을 발원하면서 수미정사 불전연구원에서 『독송본 한문·한글역 대방광불화엄경』과 『사경본 한글역 대방광불화엄경』을 편찬하여 간행하게 되었습니다.

『화엄경』은 우리나라에 전래된 이래 일찍부터 사경되고 주석·강설되어 왔으며 근현대에 이르러서는 『화엄경』의 한글 번역과 연구도 부쩍 많이 이루어졌습니다. 그만큼 『화엄경』이 우리 불자님들의 신행과 해탈에 큰 의지처가 되었던 것임을 알 수 있습니다.

『화엄경』을 독송하고 사경하는 공덕은 설법 공덕과 함께 크게 강조되어 왔습니다. 그리하여 수미정사 불전연구원에서도 『화엄경』(80권)을 독송하고 사경하는 데 도움이 되도록 한문 원문과 한글역을 함께 수록한 독송본과 한글역의 사경본 『화엄경』 간행불사를 발원하였습니다. 이 『화엄경』 간행불사에 뜻을 같이하여 적극 후원해주신 스님들과 재가 불자님들께 깊이 감사드립니다. 또한 『화엄경』을 수지 독송할 수 있도록 경책의 모습으로 장엄해 주신 편집위원들과 담앤북스 출판사 관계자들께도 고마움을 표합니다.

끝으로 이 불사의 원만 회향으로 『화엄경』이 널리 유통되고, 온 법계에 부처님의 가피가 충만하시길 기원드립니다.

나무 대방광불화엄경

불기 2564년 '부처님오신날'을 봉축하며
수미해주 합장

위태천신(동진보살)

수미해주 須彌海住

동국대학교 명예교수
중앙승가대학교 법인이사
대한불교조계종 수미정사 주지

사경본 한글역
대방광불화엄경 제16권

| 초판 1쇄 발행_ 2021년 7월 24일

| 엮은이_ 수미해주
| 엮은곳_ 수미정사 불전연구원
| 편집위원_ 해주 수정 경진 선초 정천 석도 박보람 최원섭
| 편집보_ 무이 무진 지욱 김지예

| 펴낸이_ 오세룡
| 펴낸곳_ 담앤북스
　　　　　서울특별시 종로구 새문안로3길 23 경희궁의 아침 4단지 805호
　　　　　대표전화 02)765-1251 전자우편 damnbooks@hanmail.net
　　　　　출판등록 제300-2011-115호
| ISBN_ 979-11-6201-304-5 (04220)

정가 10,000원
ⓒ 수미해주 2021